PROCÈS-VERBAL

DE LA FORMATION

Et des Opérations

DU COMITE-MILITAIRE,

établi à l'Hôtel-de-Ville de Paris,

Pour la Composition & Organisation de la
GARDE-NATIONALE-PARISIENNE,
fous le Commandement de M. le Marquis
DE LA FAYETTE.

Du Jeudi 16 Juillet 1789.

L'AN mil fept-cents quatre-vingt-neuf, le fei-
zième jour de Juillet, M. le Marquis de la Fayette,
proclamé par la Commune, *Commandant-Général*
de la Garde de Paris, ayant demandé aux différens
Diftricts de cette Ville, d'envoyer à l'Hôtel - de-
Ville un Député, à l'effet de travailler avec lui,
à la formation & organifation de la Garde-Pari-
fienne; quelques-uns des Députés fe font préfentés,
fur les fept heures du foir, à la Salle dite *des*
Gouverneurs, qui leur avoit été indiquée. Mais,
l'invitation de M. de la Fayette n'ayant pas été
exactement portée dans les Diftricts, & le plus
grand nombre n'ayant point encore envoyé fes
Députés, il a remis à former l'Affemblée au
moment où ils feroient réunis.

A

Du 17 Juillet 1789.

M. le Marquis de la Fayette, s'étant présenté à la Salle susdite, a fait part à ceux des Députés qui s'y sont rendus, de l'objet pour lequel il les avoit mandés. Le nombre ne s'étant point encore trouvé assez considérable pour commencer la vérification des Pouvoirs, il a différé à demain soir, & a annoncé qu'il réitéreroit encore son invitation, tant par la lettre qu'il comptoit écrire à chacun des Districts, pour faire confirmer sa nomination, qu'en donnant l'Ordre de demain, à l'effet de quoi il a remis l'Assemblée au 19.

Du 19 Juillet 1789.

Un grand nombre des Députés s'étant réunis dans ladite Salle, l'appel de chaque District a été fait; &, quoique quelques-uns d'eux n'eussent point encore envoyé, la vérification a été commencée, de l'ordre de M. le Marquis de la Fayette, & continuée, à mesure que MM. les Députés se sont présentés, par M. le Chevalier de Saudray, jusqu'alors en possession du titre de Commandant en second de la Milice-Nationale-Parisienne, sous M. le Marquis de la Salle.

Il est résulté, de ladite vérification, que les personnes ci-après ont été nommées par les Districts.

Diſtricts.	MESSIEURS.
1 De S.-André-des-Arcs,	Le Marquis d'Elbét.
2 Des Cordeliers,	Millon.
3 Des Carmes Déchauſſés,	De Luigné.
4 Des Prémontrés,	
5 De S.-Honoré,	Guérin.
6 De S.-Roch,	De Peſcheloche.
7 Des Jacobins-S.-Honoré,	Le Clerc.
8 De S.-Philippe-du-Roule,	
9 De l'Abbaye S.-Germain,	De Meſtre du Rival.
10 Des Petits Auguſtins,	
11 Des Jacobins-S.-Dominique,	Cherpitel.
12 Des Théatins,	La Foſſe,
13 De l'Iſle-S.-Louis,	Ch^{er} de Boiſgelou.
14 De S.-Nicolas-du-Chardonnet,	De Parſeval.
15 De S.-Victor,	Guillotte.
16 Des Blancs-Manteaux,	
17 Des Capucins du Marais,	Marquis de Mandat.
18 Des Enfans-Rouges,	De Bourge.
19 Des PP. Nazareth,	Ferrouſſat.
20 De S.-Etienne-du-Mont,	Barré de Boiſméan.
21 Du Val-de-Grâce,	
22 De S.-Marcel,	Acloque.
23 De S.-Nicolas-des-Champs,	De Pouilly.
24 De Ste-Eliſabeth,	Plaſſon.
25 Des Filles-Dieu,	De la Tour.
26 De S.-Laurent,	Guérin de Sercilly.
27 Des Barnabites,	Chérier.
28 De Notre-Dame,	Roux.
29 De S.-Severin,	
30 De S.-Germain-l'Auxerrois,	Maſſon de Neuville.
31 De l'Oratoire,	Gerderet.

Diſtricts.	MESSIEURS.
32 Des Feuillans ,	Du Bergier.
33 Des Capucins-S.-Honoré,	Chéron de la Bruyère.
34 De S.-Euſtache ,	
35 Des Petits-Pères Place Victoire,	Jacquinot.
36 Des Filles-S.-Thomas,	De Kéralio.
37 Des Capucins-Chauſſée-d'Antin,	Guyard.
38 Des Mathurins ,	
39 De Sorbonne ,	Jacquin.
40 De S.-Jacques-du-haut-Pas ,	
41 Du Petit-S.-Antoine ,	Viot.
42 Des Minimes-Place-Royale ,	Marquis de Chabert.
43 De Trainel-S.-Antoine ,	
44 De Ste.-Marguerite ,	
45 Des Grands-Auguſtins ,	Bardel.
46 De S.-Jacques-l'Hôpital ,	Gallet de Santerre.
47 De Bonne-Nouvelle ,	De Gondeville.
48 De S.-Lazare ,	
49 De S.-Jean-en-Gréve ,	Berriyter.
50 De S.-Gervais,	Flament.
51 De S.-Louis-de-la-Culture ,	Chevalier de S.-Martin.
52 Des Enfans-trouvés-S.-Antoine,	
53 De S.-Merri ,	Le Belle.
54 Du Sépulchre ,	Marquis de Ramain-villiers.
55 De S.-Martin-des-Champs ,	Muguet de Champal-lier.
56 Des PP. Récollets ,	Goiſſedée.
57 De S.-Jacques-la-Boucherie ,	
58 De S.-Leu ,	De Boiſpréaux.
59 De S.-Magloire ,	Le Comte de Vinezac.
60 De S.-Joſeph ,	D'Acoſta.

5

Il a été reconnu que tous les Districts avoient envoyé des Députés, à l'exception de ceux des Prémontrés, de S. Philippe-du-Roule, des Petits-Augustins, du Val-de-Grâce, de S.-Severin, de S.-Eustache, des Mathurins, de S.-Jacques-du-haut-Pas, de Trainel, de Ste-Marguerite, de S.-Lazare, des Enfans-Trouvés-S.-Antoine, & de S.-Jacques-de-la-Boucherie.

L'Assemblée s'est ajournée au 20 Juillet soir, & chacun des Membres a signé, ainsi qu'il suit:

LA FAYETTE, Gondeville, Le Clercq, Le Marquis d'Elbée, Guillotte, Barizon, Chérier, neveu; Barré de Boisméan, De Boispreaux, De Saint-Martin, Mandat, Muguet de Champalier, Millon, Ferroussat, Roualle Chev. de Boisgelou, Flament, le Marquis de Chabert, Gallet de Santerre, Chéron de la Bruyère, De Ramainvilliers, Debourge, De Pescheloche, D'Acosta, Viot, De Mestre du Rival, Cherpitel, Lebelle, Guiard, Guérin de Sercilly, Lafosse, Acloque, Parseval de Grand-Maison, Masson de Neuville, Gerderet, Jacquinot, de Kéralio, Jacquin, Bardet, Berriyter, Goissedée, le Comte de Vinezac, Hion, Secrétaire.

A 3

Du 20 Juillet, matin.

Ledit jour, les Députés ci-deſſus dénommés s'étant réunis, il a été obſervé qu'une Aſſemblée convoquée dans les formes néceſſaires devoit être cenſée compléte; que l'abſence de quelques Membres ne pouvoit pas différer des opérations que la ſûreté commune des Citoyens rendoit inſtante & néceſſaire, & que le nombre des Députés préſens & vérifiés, repréſentant la très-grande majorité des Diſtricts, il falloit ſans délai travailler à remplir les intentions de M. le Commandant-Général.

Alors M. le Commandant-Général a repréſenté à l'Aſſemblée qu'un travail auſſi important ne pouvoit ſe faire d'abord en commun entre un grand nombre de perſonnes; qu'il étoit plus expédient de former un Comité-Proviſoire qui préparât un plan général de travail, à la rédaction duquel tous les Membres concouroient enſuite. Il a propoſé de former ce Comité de ſeize perſonnes, dont une priſe dans chacun des ſeize Quartiers de Paris.

Cette propoſition ayant été adoptée, il a été procédé ſur le champ à la nomination des ſeize Députés, ci-après.

COMITÉ PROVISOIRE.

Quartiers:	Noms des Membres, du Comité.
	MESSIEURS,
Du Luxembourg.	Le Marquis d'Elbée
Du Palais-Royal.	Le Clercq.
De S.-Germain-des-Prés.	De Meſtre.
De l'Iſle Notre-Dame.	Guillotte.
Du Marais.	Ferrouſſat.
De Ste-Génevieve.	Barré de Boiſméan.
De S.-Denis.	Guérin de Sercilly.
De la Cité.	Chérier, neveu.
Du Louvre.	Barizon.
De S.-Euſtache.	Guyard.
De Sorbonne.	Jacquin.
De la Place Royale.	Le Marquis de Chabert.
Des SS. Innoçens.	Gallet de Santerre.
De l'Hôtel-de-Ville.	Le Chevalier de S.-Martin.
De S.-Martin.	Le Marquis de Ramainvilliers.
Des Halles.	Le Comte de Vinezac.

M. le Chevalier de Saudray, ayant, à raiſon de la place qu'il occupoit, des connoiſſances particulières ſur l'état actuel du Militaire exiſtant dans la Capitale & ſur le ſervice néceſſaire, il a été convenu qu'il aſſiſteroit aux ſéances du Comité - Proviſoire, & ſeroit chargé de la ré-daction des différentes propoſitions qui y ſeroient portées, & que M. Hion, Electeur de S.-Roch, attaché au Bureau Militaire alors exiſtant à la Ville, feroit les fonctions de Secrétaire.

Le Procès-verbal arrêté, a été figné des Membres ci-après.

LA FAYETTE, *Gondeville*, *Le Clercq*, *Le Marquis d'Elbée*, *Cuillotte*, *Barizon*, *Chérier neveu*, *Barré de Boiſméan*, *De Boiſpreaux*, *De S.-Martin*, *Mandat*, *Muguet de Champalier*, *Millon*, *Ferrouſſat*, *Roüalle Chev. de Boiſgelou*, *Flament*, *le Marquis de Chabert*, *Gallet*, *De Santerre*, *Chéron de la Bruyère*, *De Ramainvilliers*, *Debourge*, *De Peſcheloche*, *D'Acoſta*, *Viot*, *De Meſtre du Rival*, *Cherpitel*, *Lebelle*, *Guiard*, *Guérin de Sercilly*, *Lafeſſe*, *Acloque*, *Parſeval de Grand-Maiſon*, *Maſſon de Neuville*, *Gerderet*, *Jacquinot*, *De Kéralio*, *Jacquin*, *Bardel*, *Berriyter*, *Goiſſedée*, *le Comte de Vinezac*, *Hion*, Secrétaire.

Ce Comité ainſi formé, a arrêté de s'aſſembler dès le même jour, cinq heures du soir.

Du 20 Juillet, ſoir.

Les Membres du Comité-Proviſoire ſe ſont réunis à l'heure ci-deſſus indiquée.

Chacun d'eux a propoſé ſes vues, & ſes plans ſur les différens objets à traiter. Ils ont été diſcutés, & il en a été pris les notes qui ont paru les plus utiles.

Les Séances se sont ainsi continuées, matin & soir, pendant trois jours.

Il a été aussi fait lecture de différens Mémoires remis au Bureau par M. le Marquis de la Fayette, auquel ils avoient été présentés, & par plusieurs Membres du Comité.

L'un de ces Mémoires a paru, à M. le Marquis de la Fayette, & à la pluralité des Membres, devoir servir de bâse au travail, en ajoutant, tant au Plan général y porté qu'à chacun des objets, les notes & renseignemens déjà pris, & ceux que le Comité jugeroit à propos d'y joindre.

Les idées générales ayant été fixées dans ce travail, tous les soixante Députés ont été mandés à l'ordre pour se réunir le vingt-cinq dudit mois.

Du 25 Juillet, matin.

Ledit jour, les Députés réunis, il a été reconnu, de nouveau, que la discussion de chacun des articles du Plan, s'il falloit la faire entre tous les Membres assemblés, entraîneroit encore des longueurs que la nécessité des circonstances, & l'utilité d'avoir promptement un Réglement ne permettroient pas.

En conséquence, M. le Commandant-général a proposé de diviser l'Assemblée en six Bureaux, entre lefquels les matières feroient partagées , & de former enfuite, de deux Membres de chaque Bureau, un Comité central, où le travail des fix Bureaux feroit revu & réduit pour être préfenté aux foixante Affemblées, & rédigé définitivement en leur préfence.

Tous les Membres du Comité ayant adopté uniformément cette propofition, les travaux & les Perfonnes de chaque Bureau ont été divifés ainfi qu'il fuit :

Premier Bureau.

Faire le partage de Paris en fix Divifions, compofées chacune de dix Diftricts, & telles que la population foit à peu-près égale dans chacune, & que le Service puiffe fe faire en même proportion dans la totalité de la Capitale & Fauxbourgs, compris dans la formation des Diftricts.

Fixer l'emplacement des Chefs-lieux de chaque Divifion; examiner de quelle manière il eft plus utile de caferner la Troupe foldée, & indiquer les cafernes, s'il eft poffible.

M E S S I E U R S ,

Cherpitel.	D'Elbée.
Bardel.	Barré de Boifinéam
Pacquot du Perron.	Viot.
	Flament.

Deuxiéme Bureau.

Indiquer l'organifation de quatre Compagnies de cent Bourgeois chacune, commandées par un Capitaine, un Lieutenant, un Sous-Lieutenant ; ainfi que la manière de choifir les quatre-cents Bourgeois par Diftrict, qui feront admis à former le Bataillon non payé, auquel fera joint une cinquiéme Compagnie payée ; la nomination de tous les Officiers dans la Divifion & dans le Diftrict.

MESSIEURS,

De Boifgelou.	Parfeval.
Chéron de la Bruyère.	De Ramainvilliers.
De Pefcheloche.	De Gondeville.
Mandar.	Maffon de Neuville.
Boifpréaux.	Jacquinot.

Troifiéme Bureau.

Régler la paye des Officiers & Soldats, & la manière de faire contribuer tous les Citoyens à la formation du Corps, indiquer les fonds à faire pour la dépenfe, déterminer la dénomination à donner au Corps.

MESSIEURS,

Le Belle.	De Bourge.
De Bériyter.	Du Bergier.

Quatriéme Bureau.

Déterminer quels feront l'habillement & armement des Troupes, tant à cheval qu'à pied.

MESSIEURS,

Chérier, neveu.	De Kéralio
Plaffon.	Jacquin.
Gallet de Santerre.	D'Acofta.
Gerderet.	Goiffedée.

Cinquiéme Bureau.

Régler tout ce qui concerne la formation du Corps à Cheval, les remontes & la nourriture des Chevaux ; la formation du Corps d'Artillerie, & celle des Corps qu'on jugeroit néceffaires, comme de *Robe-Courte*, &c.

MESSIEURS,

Guillotte.	Guiard.
De Meftre.	De la Foffe.
Guérin de Sercilly.	De Lagrey.

Sixiéme Bureau.

Régler la réforme & refonte des Troupes ; l'emploi des Soldats arrivés dans Paris ; le moyen de renvoyer ceux qu'on ne conferveroit pas.

MESSIEURS,

De Chabert.	Le Clerc.
De S. Martin.	De Vinezac
De Ferrouffat.	

Chacun de ces Bureaux s'étant occupé de son travail dans les journées des 25 & 26 & l'ayant terminé ledit jour 26, on a nommé, dans chaque Bureau, les deux Membres qui doivent former le Bureau central, & le choix est tombé sur Messieurs:

Le Marquis de Chabert, qui a été prié d'accepter la Présidence.	Le Belle.
	De Bourge.
	De Kéralio.
Barré de Boisméan.	Gerderet.
Bardel.	Guérin de Sercilly.
De Ramainvilliers.	Guiard.
Chéron.	Ferroussat.

M. le Chevalier *des Perrières* & M. le Chevalier de *S.-Tray* ont été nommés Adjoints à ce Bureau; le premier pour ce qui concerne l'Artillerie; le second pour ce qui concerne la Cavalerie.

Du 26 Juillet, soir.

Le Bureau central s'est assemblé, & il a été procédé à la révision & rédaction du travail de chacun des six Bureaux, dans l'ordre ci-dessus indiqué, & ainsi qu'il suit:

Examen du travail du premier Bureau.

Première Proposition : Quelle que soit la difficulté de parvenir à faire un partage de Paris en six Divisions égales, sans changer la distribution des Diftricts indiquée par la convocation, le Bureau a eftimé qu'il falloit moins craindre de s'expofer à quelques difproportions que de rompre l'harmonie qui exifte actuellement dans les Diftricts ; que ce feroit contrevenir à toutes les opérations de la Commune, & à l'ordre qui a été fuivi dans les Affemblées.

En conféquence, il a été arrêté de divifer Paris fuivant l'indication tracée par le Bureau fur une Carte qui a été mife fous les yeux de l'Affemblée, & d'après un état de chaque Divifion & de chacun des Diftricts qu'elle contient, lequel a été figné des Membres du Bureau.

Deuxiéme Propofition. Faut-il caferner la Garde-Nationale foldée, par Divifion, ou par Diftrict ?

Il a été convenu à la pluralité, que, pour la plus grande commodité du fervice, pour la plus grande fûreté du Citoyen, & par plufieurs autres motifs de fage politique, il feroit plus utile de les caferner par Diftrict.

Troifiéme Propofition. Fixer les Chefs-lieux de chaque Divifion.

Il a été convenu qu'ils feront fixés confor-mément au Tableau fufdit.

Examen du Travail du deuxiéme Bureau.

Première Propofition. Quel fera le fond de la Garde-Nationale-Parifienne ?

Il a été arrêté que la Division proposée de la Ville en six portions, de chaque portion en dix Districts, & de chaque District en cinq Compagnies de cent hommes étant adoptée, le fonds général de la Garde-Nationale-Parisienne sera de 30,000 hommes, sur quoi la Garde journalière, fournie par la Troupe payée, sera de 2,000 hommes, & celle fournie par les Bourgeois, de 400 hommes par Division, au moyen de quoi ces derniers n'auront de garde à monter que tous les deux mois.

Deuxième Proposition. Comment sera formée chaque Compagnie non-payée?

Il a été convenu qu'elle sera composée d'un Capitaine, un Lieutenant, un Sous-Lieutenant-Porte-Enseigne, un Sous-Aide-Major, six Sergens, dont un Sergent-Major, huit Caporaux, deux Tambours & quatre-vingt-quatre Fusiliers.

Tous ces Officiers seront nommés par les Districts; & il n'y aura d'Officier payé que le Sous-Aide-Major, chargé de tout le détail du service.

Troisième Proposition. Comment procédera-t-on à la composition de la Garde-Nationale-Parisienne?

Il a été convenu qu'elle sera composée de tous Citoyens domiciliés, mariés ou non mariés, depuis l'âge de vingt ans jusqu'à cinquante ans révolus; &, en conséquence, la répartition de la Garde-Générale-Bourgeoise se fera à raison de 4,000

hommes par Division, lefquels y feront pris fuivant leur population refpective; & chaque Diftrict, en conféquence, ne pourra nommer que
les Officiers des Compagnies qu'il fera en état
de fournir.

Et, pour établir, à l'égard des Enregiftrés, une
loi uniforme, qui, en favorifant les gens utiles
à l'Induftrie & aux Arts, puiffe ménager ceux
dont la dépendance ou la verfatilité rend l'exif-
tence civile incertaine & précaire, il eft arrêté
1° que les Ouvriers & Artifans non-domiciliés,
& dont le tems eft trop précieux pour être en-
levés aux befoins de la Société, feront exempts
de la Garde-Nationale; 2° qu'entre les Citoyens
enliftés, ceux qui fe préfenteront volontairement
auront la préférence; 3° que, dans les cas les
plus urgens, les plus jeunes feront obligés de
marcher les premiers; 4° Enfin que tout homme
en état de domefticité fera exclu.

Quatriéme Propofition: A qui feront déférées
les nominations?

Il eft convenu que la nomination de l'Aide-
Major de chaque Bataillon fera faite par chaque
Diftrict, ainfi que celle des Officiers & bas-
Officiers de chaque Compagnie non payées,
2° Que celle des Officiers & Bas-Officiers
des Compagnies payées, fera faite par l'Etat-
Major-général, fur la préfentation qu'en fera

chaque

chaque District. 3° Que celle des Commandans de Division sera faite de la même manière sur la préfentation des Commandans de Bataillons 4° Enfin, que celle des Officiers de l'Etat-Major eft la feule qui demeure à la difpofition du Général, d'après le choix fait entre deux ou plufieurs Officiers-méritans, pour ledit choix, être communiqué à l'Affemblée civile & militaire & y être fanctionné.

Enfin il a été arrêté que tout Militaire employé dans le Corps de la Garde-Nationale-Parifienne, fera tenu de prêter, entre les mains de la Municipalité, un ferment, dont la forme fera indiquée ; &, fi quelqu'un manquoit à ce ferment, il feroit chaffé ignominieufement du Corps, pour n'y jamais rentrer.

M. le Marquis de Chabert a propofé enfuite un projet de Réglement particulier, dont la teneur fuit :

Réglement particulier.

Il fera formé dans chaque District une Compagnie de Cadets-Volontaires, laquelle ne pourra être que de cinquante.

Ils ne feront reçus que depuis l'âge de dix-fept ans & au-delà, fur la préfentation de leurs parens les plus proches, qui répondront de leurs vie & mœurs, ou fur celle de Citoyens notables.

Ils feront fujets à la difcipline qui leur fera

preſcrite, & tenus de ſe rendre aux jours qui feront indiqués par l'Etat-Major de leur Diſtrict.

Ce projet a été approuvé par les Membres du Comité central, qui ont ſigné; mais, par des conſidérations ultérieures, & de l'avis de M. le Commandant-Général, l'exécution en a été ſuſpendue.

Examen du Travail du troiſiéme Bureau.

Du 27 Juillet, matin.

Première Propoſition. Quelle ſera la dépenſe de la Garde-Nationale-Pariſienne ſoldée?

Il a été convenu que les appointemens des Capitaines ſeront de 2400 liv., ceux du Lieutenant 1800 liv., ceux du Sous-Lieutenant 1200 l., ceux de l'Aide-Major 2000 liv.

Quant à la paye des Sergens, Bas-Officiers & Soldats, il eſt convenu que le prix général ne pourra excéder 18 ſ. par homme, ſur leſquels 18 ſ. feront faites toutes les retenues d'uſage, pour qu'en ſatisfaiſant aux dépenſes de l'habillement & autres, de grande & petite maſſe, la paye nette des Sergens-Majors puiſſe être de 40 ſ. par jour, celle des Sergens ordinaires de 30 ſ., celle des Caporaux & Tambours de 15 ſ. & celle des Fuſiliers de 11 ſ. 8 d.; le tout conformément à cinq états d'apperçu qui ont été mis ſur le Bureau, afin de ſervir de bâſe quand on voudra régler définitivement cet objet.

Il a été observé qu'il paroissoit nécessaire d'énoncer dans l'Ordonnance, que la paye considérable ci-dessus, n'avoit été consentie par le Bureau, qu'en considération de la bonne conduite que les Troupes ont tenue dans les circonstances actuelles, ainsi que de la cherté des vivres à Paris; pourquoi, à l'effet de ne pas nuire aux Troupes payées par le Roi, il sera déclaré qu'à l'avenir, aucun Déserteur des autres Régimens ne sera admis dans la Garde-Nationale-Parisienne.

Deuxième Proposition. Quel sera définitivement le nom de ce Corps?

Après les observations les plus réfléchies, sur les différentes dénominations proposées de Garde-Bourgeoise-Parisienne, ou Milice-Parisienne, ou bien encore de Garde-Nationale-Parisienne; il a été arrêté unanimement qu'on s'en tiendroit absolument à cette dernière de GARDE-NATIONALE-PARISIENNE, qui avoit déjà été adoptée, & qui avoit été exprimée dans le Brevet délivré à M. le Marquis de la Fayette, par l'Assemblée-Générale de la Commune.

Examen du Travail du quatrième Bureau.

Sur les questions relatives à l'Habillement &

Equipement.

Dudit jour, soir.

Il a été convenu que la couleur de l'habit seroit bleue, le collet-montant en écarlate;

Les revers, paremens & doublure blancs, avec un paffe-poil écarlate ;

La vefte & la culotte blanche ;

Les boutons dorés.

Même uniforme pour la Cavalerie, à l'exception des boutons & de l'éguillette qui feront en blanc.

Quant à la cocarde, la couleur blanche étant la couleur nationale, il eft propofé de la faire de ruban large blanc de bafin, liféré bleu & rouge, pour indiquer les couleurs de la Ville.

L'épée jaune dorée, pour l'Infanterie, & argentée pour la Cavalerie ;

Le hauffe-col doré, & aux armes de la Ville ;

La buffleterie blanche ;

Un Drapeau de la Ville à chaque Bataillon, avec une légende que chaque Diftrict adoptera ;

Une flamme à chaque Compagnie.

Examen du Travail du cinquième Bureau.

Première Propofition. Quel parti doit être pris, relativement à la Cavalerie ?

Comme il paroît indifpenfable de fupprimer la Maréchauffée de l'Ifle-de-France, ainfi que le Guet à cheval, il eft arrêté que, pour le fervice intérieur & extérieur, il convient de porter la Cavalerie, favoir :

Pour le fervice intérieur à 600 hommes.

Pour l'extérieur à . . . . 400.

Le tout formant 10 Compagnies de 100 hommes.

Les 600 hommes de l'intérieur feront le fervice à raifon de 150 hommes toutes les douze heures.

Les 400 hommes à l'extérieur feront divifés en 28 poftes de réfidence, à l'effet de faire d'une manière plus fure & plus étendue, le fervice que faifoit la Maréchauffée de l'Ifle-de-France, & d'en rendre compte tous les jours au Quartier-Général.

En ce qui concerne l'Etat-Major de la Cavalerie, la compofition des Compagnies, le traitement de l'un, la folde des autres, la formation d'un Corps d'Artillerie, il a été propofé divers plans; mais la néceffité urgente de confommer d'abord tout ce qui eft relatif à la compofition de l'Infanterie, a déterminé le Comité à reporter fes réfolutions fur ces objets à un tems ultérieur.

Examen du travail du fixiéme Bureau.

Réforme & refonte des Troupes.

En réformant les Troupes qui formoient ci-devant la Garde générale de la Ville de Paris; favoir, le Guet-à-pied & à cheval, & la Maréchauffée de l'Ifle-de-France, il faut réunir les individus qui formoient ces différens Corps, en un feul, fous la dénomination qui eft adoptée, & trouver un moyen de les amalgamer tous, qui puiffe leur convenir.

On ne prévoit pas, à cet égard, de grandes

B 3

difficultés pour l'incorporation des Soldats , Cavaliers ou Dragons émigrans , avec les Gardes-
Françoises. Mais il s'en trouve davantage pour ce
qui concerne le Guet-à-pied , à raison , soit de
l'espèce d'éloignement dans lequel ces deux Corps
ont vécu entr'eux jusqu'ici , soit de la différence
des fonctions qui leur étoient attribuées.

A quoi il faut ajouter que la plupart des Soldats du Guet sont mariés , & ont femme & enfans. Cette circonstance semble s'opposer à ce
qu'ils soient casernés , comme la Garde-Nationale
doit l'être.

Il a été observé de plus que le Guet-à-pied ,
outre la garde des Citoyens & la conduite des
délinquans , avoit eu jusqu'ici , dans la Capitale ,
un service de la plus grande utilité , qui consistoit
à garder jour & nuit les Quais, Isles & Ports
qui reçoivent les approvisionnemens de Paris ,
service minutieux qu'il seroit difficile peut-être
de faire faire à l'Infanterie-Nationale ; & qu'il
pourroit être utile de former , du Guet-à-pied ,
un Corps de 300 hommes employé à cette garde.

Ces observations ayant paru assez importantes
pour s'en occuper séparément, le Bureau central
a cru devoir indiquer d'abord la formation de
l'Infanterie-Nationale , sans y comprendre le Guet-
à-pied , & a remis à un tems ultérieur la formation du Corps des Gardes-Ports.

Dans le Plan propofé , les Soldats ci-devant Gardes-Françoifes , font adoptés pour faire le fonds de la Troupe foldée , qui doit garder la Capitale , conjointement avec les Citoyens , & l'on croit qu'en les amalgamant , autant qu'il fera poffible , il en réfultera le plus grand bien pour le fervice.

Suivant le Plan , il faudroit établir 60 Compagnies foldées , de 100 hommes chacune , c'eft-à-dire 6000 hommes , au total

On ne compte que 3000 Gardes-Françoifes.
Ce feroit encore 3000 à fournir.

D'après les obfervations du 6e Bureau , l'on a eftimé qu'il vaudroit mieux ne former les Compagnies que de 80 hommes chacune , ce qui monteroit à 4800 hommes , au total , dont il ne refteroit que 1800 à trouver dans les Soldats émigrans , ou dans les Corps exiftans jufqu'à préfent dans la Capitale.

On a examiné ce qui concerne les uns & les autres , dans l'ordre fuivant.

Soldats Emigrans. Il eut été utile de connoître au jufte le nombre des Soldats , Cavaliers , Dragons & autres , qui font difpofés de bonne volonté à s'incorporer avec les Gardes-Françoifes ; mais l'on a eftimé qu'il conviendroit , qu'il étoit même de l'humanité de les recevoir tous dans le Corps à former, quand bien même ils n'auroient pas la taille requife, à moins qu'ils ne vouluffent, de leur propre gré, retourner fous leurs Drapeaux, auquel cas, le contenu de la Lettre du Roi, rela- tive aux émigrans, feroit fuivi.

A l'égard des *Suiffes* qui font venus fervir la caufe de la Patrie, comme ils ne pourroient ren- trer dans leur Corps, fans rifquer d'éprouver des défagrémens, ils doivent être employés dans les Troupes payées, s'ils ont intention de refter en France.

Les *Cavaliers du Guet* doivent faire le fonds de la Cavalerie projettée, puifque c'eft un Corps déjà formé ; il eft queftion feulement de fixer le nombre de cette Cavalerie. On penfe qu'il doit être porté à 600 ; cent hommes de Cavalerie par Divifion fuffifant pour faire le fervice de Paris jufqu'aux Barrières ; il fera aifé de completter ce Corps, foit avec des Cavaliers, Dragons émigrans, auxquels il fera peut-être néceffaire de faire l'a- vance du cheval équipé, foit avec les anciens Mi- litaires qui poftuleroient ces places, en fe four- niffant de chevaux.

Caferneras-t-on la Cavalerie, ou non ? Examen fait, l'on eftime que, joint à ce qu'il faudroit faire conftruire des écuries confidérables, cela entraîneroit à des détails de fourrages, de Ma- réchaux & d'équipemens qui coûteroient beaucoup ; & qu'en conféquence , pour cet article , il vaut mieux fuivre le même régime qui a eu lieu jufqu'à préfent.

Les *Cadets - du - Guet* ont été établis par M. de Roquemont; on les appelloit autrefois *Cadets-de - Roquemont*. C'eft un petit Corps de beaux hommes chofis, qu'on voyoit à la tête des au-tres Compagnies du Guet , & qui fervoient de Surnuméraires aux Cavaliers. Pour fuivre leur in-tention première , d'être employés à leur tour dans la Cavalerie, ils doivent être pris pour aider à completter le Corps. Ce font d'ailleurs des gens qui font prefque tous mariés , qui ont femme & enfans , & qui peut-être ne fe foucieroient pas d'entrer dans l'Infanterie cafernée.

La *Maréchauffée* a été créée pour la fûreté des grandes routes. Ses Officiers ont le droit de juger prevôtâlement, & l'exécution de leurs Ju-gemens fe fait très-précipitamment, lorfque les preuves du délit font conftatées. Il a été obfervé à ce fujet que , de même qu'il y a toujours dans une armée une grande Prevôté de Maré-chauffée établie , pour contenir les Soldats qui auroient envie de déferter ou de marauder , de même le Général des Troupes Parifiennes doit fe conferver une Maréchauffée compofée de deux-cents Cavaliers, pour faire les patrouilles dans les Villages autour de Paris , tant pour

garder ſes environs, que pour maintenir le Sol-
dat. Ces deux-cents Cavaliers de Maréchauſſée
porteroient la Cavalerie à huit-cents , nombre
qu'on deſire ; mais ils ſeront toujours regardés
comme Maréchauſſée , & non comme Garde-
Bourgeoiſe-Pariſienne, bien entendû qu'elle ſera
dépendante du Quartier-Général, & qu'elle en-
verra , tous les jours, un Officier à l'Ordre , &
qu'elle aura toujours une Ordonnance au Quartier-Général.

La *Robbe-Courte* eſt une Garde - Maréchauſſée
attachée au Palais-de-Juſtice, & ſert, en même
temps, à la Garde des Priſons , & à conduire
les Criminels au Supplice. Il paroît convenable
de la conſerver dans ſes fonctions , en la reſtrei-
gnant abſolument dans ſes limites.

La *Garde de la Monnoie* eſt une Maréchauſſée
rouge affectée, depuis long-temps, à la Cour
des Monnoies. Comme les titres de *Garde* de la
Monnoie ſont des charges , il convient de les
laiſſer ſubſiſter.

Le Tribunal des Maréchaux de France ſe fait
garder par des Gardes qu'on nomme *Gardes-
Maréchaux de France* , ou *Archers - Garde de la
Connétablie* , tous brévetés par charge. Ils ſont ,
en même tems Huiſſiers , & dreſſent les Procès-
verbaux ſur leſquels ſe font les rapports des différentes conteſtations qui ſe jugent au Tribunal.

L'on a eftimé que la Municipalité ne pouvoit pas entrer dans l'examen de ce qui concerne ce Corps.

La *Garde des Palais Royaux*, tels que le Louvre, les Tuileries, le Luxembourg, eft confiée aux Invalides. Cette Garde doit, par conféquent, refter telle qu'elle eft.

Le Château Royal de Bicêtre étant une prifon pour y détenir des Criminels ou mauvais Sujets, l'on a examiné s'il devoit être gardé par les Troupes du Roi ou par celles de la Municipalité de la Ville. Après difcuffion, il a été arrêté d'en laiffer la Garde telle qu'elle eft actuellement, c'eft-à-dire compofée d'Invalides.

Les deux Maifons de *la Salpêtrière* & de la *Pitié*, étant gardées par des Compagnies à leur folde, il ne fera rien innové à cet égard.

Quant aux Compagnies *de l'Arquebufe & de l'Arc*, comme la première qualité de toutes eft celle de Citoyen; il eft convenu qu'aucune Corporation particulière, telles que celles de l'Arquebufe & de l'Arc n'aura le droit de porter, à Paris, un uniforme autre que celui dont tous les Citoyens vont s'honorer; & que, par conféquent, lefdites Compagnies de l'Arquebufe & de l'Arc feront tenues, les jours où elles s'affembleront pour leurs occupations particulières, de ne porter leurs habits diftinctifs que dans l'intérieur chacune de fon local , & fur-tout d'éviter de porter aucune marque de diftinction particulière , fans y être autorifées de la Municipalité.

Du 28 Juillet, matin.

Le Bureau central s'eft occupé des dépenfes néceffaires pour la formation de l'Etat-Major , des traitemens qui doivent être affectés aux Officiers qui le compoferont , de la folde des Compagnies , balancées avec la reprife que doit produire la fuppreffion du Régiment des Gardes, du Guet, de la Maréchauffée extérieure , du Régiment de Paris, de la Baftille, du Gouvernement & de la Police. Il a été préfenté divers calculs fur lefquels le Comité Militaire n'a pas cru devoir fe décider, avant de s'être procuré des inftructions plus étendues.

En conféquence, il a été nommé un Bureau particulier pour fixer fur le tout les fommes & les calculs, & ce Bureau a été compofé de

MESSIEURS,

Guillotte.	Ferrouffat.
De Ramainvilliers.	Le Clerc.
De Kéralio.	De S.-Martin.

Do 29 Juillet, foir.

Le Bureau ci-deffus nommé, ayant fait le rapport de fon travail, & les dépenfes & recou-

vremens ayant été fixés, on a fait la lecture &
révision de la totalité des opérations ; & M. le
Marquis de la Fayette ayant défiré y réfléchir
encore lui-même avant de le faire rédiger en
forme d'articles, le tout lui a été remis à cet
effet. Les foixante Députés ont été mandés pour
faire, en préfence de tout le Comité raffemblé,
un examen général du travail, & arrêter l'ordre
de la rédaction.

Du 30 Juillet, matin.

La grande pluralité des Membres s'étant trou-
vée réunie, M. le Marquis de la Fayette a fait
remettre à l'Affemblée, par M. de la Jarre, attaché à l'Etat-Major, les différentes obfervations
& additions qu'il avoit cru devoir faire au travail.

Mais l'immenfité des occupations de M. le
Commandant - Général ne lui permettant pas d'af-
fifter continuellement au Bureau, M. le Marquis
de Chabert a été prié de vouloir bien continuer
les fonctions de Vice-Préfident de l'Affemblée.

Le travail a été relu de nouveau, en préfence de tout le Comité ; &, M. le Commandant-
Général s'y étant enfuite rendu, il a été arrêté
que le travail feroit définitivement rédigé en
Titres & Articles, pour être relu demain matin,
& préfenté à l'Affemblée de MM. les Repréfen-
tans de la Commune. A l'effet de quoi il leur a
été envoyé une Députation.

Du 31 Juillet, matin.

Le Comité s'étant rassemblé, il a été fait lecture de la dernière rédaction des trois premiers Titres du Réglement. Le tout a été signé des Membres présens, de M. le Marquis de Chabert, Vice-Président, & de M. Hion, Secrétaire.

A l'heure de midi, indiquée par MM. les Représentans de la Commune, le Comité s'est présenté & a été introduit dans leur salle d'Assemblée.

M. le Marquis de la Fayette, que quelques affaires avoient appellé au Bureau des Subsistances, s'y est ensuite rendu.

Après avoir exposé, avec cette noble simplicité & cette clarté qui ne sont propres qu'à lui, les vues générales dans lesquelles le Comité-Militaire avoit travaillé, il a observé que, conformément à la Lettre par lui écrite aux Districts, son intention & celle du Comité-Militaire n'étoient point de présenter le Réglement comme une Loi définitive; que, dans une Constitution toute nouvelle, ce ne pourroit être que par l'expérience qu'on reconnoîtroit l'utilité & les inconvéniens des différens articles proposés, mais que la nécessité de pourvoir, sans délai, à la sûreté commune, sembloit exiger au moins rant de l'Assemblée que des différens Districts, de donner une exécution provisoire au Réglement, sauf à le réformer ensuite, d'après leurs avis, dans les articles qui en paroîtroient susceptibles.

Il a fait lui-même ensuite la lecture des trois premiers Titres du Réglement, en y ajoutant les observations que sa sagacité lui a suggérées pour en rendre l'intelligence plus facile.

Il a ajouté qu'il n'entendoit point demander à l'Assemblée, dans ce moment, une approbation qu'elle ne pouvoit donner en connoissance suffisante sur une simple lecture; qu'il pensoit que cette approbation ne pouvoit être accordée qu'après l'examen que chacun des Membres en prendroit dans une lecture particulière : en conséquence, il a proposé de faire imprimer les trois premiers Titres, au nombre de trois-cents exemplaires, pour en faire remettre à chacun des Membres, à ceux du Comité-Militaire, & à chacun des Districts, à l'effet par eux de consentir aussi une exécution provisoire du Réglement, par l'effet de laquelle la Troupe pût se former d'abord, sauf à y apporter ensuite les changemens & modifications nécessaires.

L'Assemblée ayant approuvé unanimement ce

projet ; les trois premiers Titres ont été en-
voyés à l'impreſſion pour être remis demain à
chacun des Membres.

Lecture faite dudit Procès-verbal, il a été convenu qu'il ſeroit imprimé.

Signé, le Marquis de *Chabert*.

Hion, Secrétaire.

De l'Imprimerie de LOTTIN *l'aîné* & LOTTIN *de S.-Germain*,
Imprimeurs-Libraires Ordinaires de la VILLE,
rue S.-André-des-Arcs, Nº 27.